LE PROJET DE LOI

SUR

L'ARBITRAGE ET LA GRÈVE OBLIGATOIRE

PAR

Eugène d'EICHTHAL

Extrait de la **Revue Politique et Parlementaire**

PARIS

LIBRAIRIE GUILLAUMIN ET Cⁱᵉ

Éditeurs de la collection des principaux économistes, du Journal des Économistes,
du Dictionnaire de l'Économie politique,
du Dictionnaire universel du Commerce et de la Navigation,

14, RUE RICHELIEU

1901

LE PROJET DE LOI

SUR

L'ARBITRAGE ET LA GRÈVE OBLIGATOIRE

PAR

Eugène d'EICHTHAL

Extrait de la **Revue Politique** et **Parlementaire**

PARIS

LIBRAIRIE GUILLAUMIN ET Cie

Éditeurs de la collection des principaux économistes, du Journal des Économistes,
du Dictionnaire de l'Économie politique,
du Dictionnaire universel du Commerce et de la Navigation,

14, RUE RICHELIEU

1901

LE PROJET DE LOI SUR L'ARBITRAGE

ET LA GRÈVE OBLIGATOIRE

Le projet de loi déposé par M. Millerand, sur « le règlement amiable des différends relatifs aux conditions du travail » est une singulière mixture. Il joint ensemble des choses très distinctes : les rapports des patrons et des ouvriers en ce qui concerne la conciliation ou l'arbitrage pour prévenir les grèves, les rapports des ouvriers entre eux en ce qui concerne le droit de grève, enfin les conditions des arbitrages destinés à faire cesser les grèves. Il est difficile au premier abord d'apercevoir le motif qui a amené le ministre du Commerce à mêler dans le même projet des objets aussi différents. Quelles que soient les raisons politiques qui l'y ont conduit, et, notamment, le désir de donner une certaine satisfaction aux esprits alléchés par le mot *obligatoire* qui, aujourd'hui, plaît à tant de gens parce qu'on suppose toujours qu'il ne s'appliquera qu'à ceux qui ont des intérêts contraires aux vôtres, il faut bien reconnaître qu'on a abouti à un projet législatif si fâcheux dans ses conséquences probables qu'il a été mal reçu à peu près partout le monde ; par un grand nombre de socialistes ou de chefs du mouvement ouvrier qui y ont vu une restriction perfide du droit de grève ; par la presque unanimité des industriels qui ont senti par avance le poids des chaînes qu'on voulait leur imposer. Le *Comité de propagande de la grève générale* a déclaré que « sous son apparence de bonhomie cette loi était une des plus scélérates que jamais législateur ait conçues ». La plupart des *Chambres de commerce*, les grands syndicats patronaux, l'*Association de l'Industrie et de l'Agriculture française*, bien d'autres groupes d'industriels, pétitionnent au Sénat contre le projet et le « proclament funeste à la prospérité et à l'existence même de l'industrie française, attentatoire pour l'ouvrier autant que pour le patron, aux principes les plus essentiels de justice et de liberté » (1).

I

Sans nous arrêter à ces épithètes passionnées qui prouvent du moins les violentes répugnances auxquelles dans les deux camps est venu se heurter le nouveau projet législatif, et en nous défendant d'apporter aucune « politique » dans notre analyse, tâchons de mettre un peu d'ordre en des matières singulièrement emmêlées. Efforçons-nous d'abord de distinguer, dans le projet de loi, ce qui a rapport à l'arbitrage préventif et ce qui a rapport à la grève, puis à l'arbitrage après conflit.

Ce qui concerne l'arbitrage préventif consiste en ceci : dans les ateliers comprenant plus de 50 ouvriers et qui accepteront la loi nouvelle, les ouvriers devront nommer des délégués réguliers chargés de servir d'intermédiaires entre le personnel de l'usine et les patrons, exposer à ces derniers, d'abord verbalement, puis, s'ils ont échoué, par écrit, les réclamations des ouvriers, et en cas de non satisfaction dans un certain délai, demander un arbitrage. Le patron accepte ou non l'arbitrage. S'il accepte, il désigne ses arbitres et les ouvriers en font autant. S'il n'accepte pas, les ouvriers reprennent leur liberté de se mettre en grève, nous verrons plus loin dans quelles conditions : le délai pour l'acceptation ou la non-acceptation est de quarante-huit heures ; celui pour la sentence arbitrale de six jours.

Une loi est-elle nécessaire pour régler la conciliation ou l'arbitrage préventif dans les conditions que nous venons de dire et qui sont comme une constatation officielle de l'inefficacité des dispositions minutieuses et détaillées de la loi du 27 décembre 1892, qui avait voulu organiser législativement l'arbitrage industriel par l'intervention du juge de paix ? Beau-

---

(1) Ce mauvais accueil général a ému M. le ministre du Commerce qui, dans de récentes réunions de patrons a essayé une défense de son projet : mais il n'a insisté que sur les parties les moins attaquables et d'ailleurs les moins importantes de la loi, qu'il a déclarée du reste « n'être pas intangible », et sur laquelle il a appelé la discussion. — Les Chambres de Commerce de Lyon et de Paris ont fait sur le projet des rapports critiques tout à fait remarquables.

coup de personnes, dont nous étions, ont, en 1892, exprimé des doutes sur les résultats pratiques qu'aurait la loi nouvelle en cas de conflits ouvriers (1).

Tout en reconnaissant l'utilité de développer les rouages de conciliation ou d'arbitrage, il leur semblait que l'intérêt bien entendu des parties devait suffire à les pousser dans cette voie, et que l'intervention du législateur y serait stérile ou même nuisible. Aujourd'hui le ministre du Commerce est le premier à déclarer, dans son Exposé des motifs, qu'une expérience de sept années a surabondamment démontré l'insuffisance de la loi de 1892, qu'il n'y a eu que 33 recours avant la cessation du travail; que sur 3.370 grèves, les appels n'ont été que de 778 et ont surtout eu lieu dans les grèves de petite étendue; que sur ces 778 cas, 183 ont abouti à une conciliation, et 24 à un arbitrage; pourcentage par rapport au nombre des grèves : 6,58 p. 100.

On remarquera que, dans son projet, le ministre actuel laisse absolument de côté le mécanisme d'arbitrage prévu par la loi de 1892; il en revient à la simple faculté pour les patrons et les ouvriers de prévenir un dissentiment à l'aide d'arbitres désignés directement par chacune des parties, et sans l'intervention d'aucune autorité officielle; j'approuve fort cette façon de procéder, de même que les délais que le législateur voudrait introduire entre la réclamation écrite des délégués et la déclaration de grève. Ces délais pourraient être de huit ou dix jours, qui laisseraient aux parties le temps de la réflexion et des négociations (c'est la portion de la loi qui est le plus attaquée par les chefs socialistes.) Résultat assurément désirable, mais malaisé à réaliser par une loi qui n'aura jamais de sanction du côté des ouvriers. Fort sagement la loi nouvelle laisse facultatif pour les deux parties le recours à l'arbitrage préventif: elle ne prévoit aucune sanction pénale pour le cas où les ouvriers ou bien les patrons décideraient de ne pas désigner des arbitres. Elle semble ne s'occuper que de régler en grand détail et avec une minutie prolixe les conditions dans lesquelles les ouvriers devront constituer les délégués qui auront à rester en rapports permanents avec les patrons: mais là, la loi paraît inutile ou dangereuse. Elle prétend résoudre par une formule unique un

(1). Voir nos articles dans le *Journal des Économistes*, janvier 1892 et mars 1896.

problème qui contient des variables en nombre infini; elle règle
les circonscriptions électorales, le mode matériel de votation,
l'âge des électeurs qu'elle abaisse jusqu'à 18 ans ! le mois dans
lequel le scrutin doit avoir lieu. — Une fois l'élection faite, elle
précise le nombre de fois minimum où les délégués devront
« entretenir le chef d'établissement lui-même, ou un agent supérieur de la direction par lui délégué » : c'est une fois au moins
par mois. Dans ces conditions le rôle des ouvriers délégués
est beaucoup trop grand : ils se targueront de leur qualité
de représentants officiels de leurs camarades pour résister à
l'administration de l'usine et désorganiser la discipline, pour
s'ingérer dans des questions de direction ou des combinaisons
commerciales où ils n'ont que faire. Comment contenir et au
besoin renvoyer des personnages aussi importants et qui
deviendront, pour ainsi dire, intangibles? — L'article 27 stipule une amende, et, en cas de récidive, 6 jours à un mois
de prison « contre quiconque aura mis obstacle à l'accomplissement des fonctions d'un délégué ». Quel patron acceptera
bénévolement une pareille disposition, qui est pleine d'ambi-
guités et, par suite, de périls? Toutes ces prescriptions légis-
latives relatives aux délégués sont superflues ou dangereuses.
Elles tendent à introduire dans l'usine, non des explications ou
des communications personnelles qui sont désirables, mais une
sorte de parlement au petit pied qui est inconciliable avec l'industrie, qui la perdrait dans le chaos. Un arrangement réciproque
libre tiendrait compte des mille circonstances dont une loi
unique ne peut s'occuper et qui rendent impossible un règlement
uniforme pour tous les cas qui se présenteront dans la réalité.
Dans certaines circonstances déterminées, des délégués permanents, élus régulièrement et, en temps de paix, peuvent être
utiles au maintien des bons rapports entre le capital et le travail (1) : de même, il serait désirable que nulle grève ne fût déclarée avant un certain délai fixé entre les parties dans le contrat d'engagement; mais il faut repousser l'intervention
pesante et identique de la loi dans une matière qui comporte
des diversités multiples, où elle ne peut se plier avec la sou-

____

(1) Nous avions, dès 1871, signalé l'utilité des libres « Conseils de conciliation »
anglais (*Rev. des Deux-Mondes*, 15 juin 1871). Depuis, ils se sont développés en
Angleterre. Voir nos articles cités plus haut et Sydney Webb. *Industrial Demo-
cracy,* [p. 239 et suiv., qui constate l'échec des essais d'arbitrage légal (p. 243).

plesse nécessaire à des circonstances fatalement variables, et où, d'ailleurs, les sanctions pratiques, en ce qui concerne l'exécution de la loi par les ouvriers, font forcément défaut.

II

La partie du projet relative au droit de grève soulève des questions de principe et des difficultés pratiques encore plus graves. — Ici, le législateur a prétendu assimiler l'atelier à un corps politique où la majorité décide à la moitié des voix plus une, ou bien à une société anonyme où la majorité, dans des conditions déterminées par la loi et par les statuts, est la règle des parties. C'est une double assimilation que rien ne justifie. Le domaine des actes politiques a toujours été soigneusement distingué par les bons esprits de celui des faits de la vie privée. Il y a là une délimitation que tout le monde sent être nécessaire et qui est la base même de notre indépendance civile. L'Etat peut engager les citoyens dans une sorte de communauté qui poursuit des buts généraux intéressant la vie générale de la nation, et les obliger pour maintenir la paix publique, fondement même de l'Etat policé, à respecter la loi de la majorité, si choquante qu'elle soit dans certains cas extrêmes. Cette même combinaison devient inacceptable si la loi de la majorité, au lieu de régler des questions d'ordre national, armée, impôts, justice, prétend s'imposer aux actes de la vie privée ; si elle veut régler nos occupations professionnelles, notre gagne-pain, notre liberté d'aller et venir. La loi française ne reconnaît pas les vœux des citoyens qui abdiquent entre les mains d'une association leur liberté individuelle. C'est affirmer que la loi de la majorité ne peut, sans une intolérable oppression, s'exercer en dehors d'un domaine nettement circonscrit, et que, si elle le fait, elle viole les principes de la liberté la plus élémentaire, celle qui, après tant de siècles de lutte, a été consacrée en France par la Révolution française, celle qui, en définitive, a prévalu dans la presque totalité du monde civilisé. Conclure de la loi de la majorité en matières politiques à la légitimité de cette même loi dans le domaine de notre existence civile quotidienne, c'est le pire des sophismes, et c'est ouvrir la porte à tous les asservissements : on pourrait aussi bien l'appliquer en matière de croyances ou même d'opinions. Ce serait revenir de plusieurs siècles en arrière vers un état que l'humanité a connu, dont elle a lamentablement souffert, et dont elle est victorieusement, et on aurait pu croire définitivement, sortie, au moins chez les peuples policés. La démocratie voudra-t-elle sur ce point imiter ou dépasser les anciennes autocraties en substituant la tyrannie d'une fraction plus un à celle d'un monarque ou d'un pontife ?

La comparaison d'un atelier avec une société commerciale ne repose pas sur des bases plus solides ni plus acceptables que ne le fait le rapprochement de la vie industrielle avec la communauté politique. Une société anonyme a un but spécial et des statuts que l'actionnaire connaît quand il y entre. Il y risque une portion déterminée de son avoir et ce n'est que sur les destinées de cette fraction de sa fortune que les votes de la majorité peuvent influer. Il est en général rassuré sur l'étendue de son risque par la limitation que, soit la loi, soit l'acte constitutif, imposent à la faculté donnée à une assemblée de modifier les statuts, ou le but et les traits essentiels de la société. Ce droit est entouré de précautions exceptionnelles, visant le capital représenté, le nombre de voix dont chaque actionnaire peut disposer, le chiffre même nécessaire à constituer la majorité. L'actionnaire sait, de plus, que son influence varie avec sa part de capital, qu'il est une unité parmi d'autres unités ayant en somme les mêmes intérêts que lui, et que la passion ou d'autres mobiles sentimentaux ont peu de chance d'entraîner ses co-associés à constituer une majorité dangereuse pour le bien commun. Il sait enfin que s'il n'a plus, à un moment donné, assez de motifs de sécurité, il peut se retirer de l'association en vendant ses actions et en mesurant d'une façon certaine ses pertes ou ses gains. Que reste-t-il de ces sauvegardes relatives, dans l'engagement où le projet de loi veut enchaîner l'ouvrier ?

Il le soumet à tout jamais, tant qu'il restera dans l'usine qui l'emploie, au vote d'une majorité de moitié plus un, non pas même de la totalité du personnel de l'usine, mais des votants, à condition que cette majorité représente le tiers du total des travailleurs, ce qui remet la décision à un tiers plus un (1).

(1) Ici le texte (art. 17 § 4) n'est pas clair. Faudrait-il entendre, comme plu-

C'est cette majorité, ou en réalité cette minorité éventuelle, où entreront des éléments absolument hétérogènes, représentant, dans bien des cas, plusieurs ateliers simplement juxtaposés et n'ayant pas d'intérêts communs ni de bases de travail communes, c'est cette minorité triomphante qui décidera souverainement si l'ouvrier doit continuer à gagner son pain par son travail, ou s'il abandonnera ses outils et ses occupations professionnelles jusqu'à ce qu'il ait plu à ce même groupe de voix coalisées de lui permettre de les reprendre. L'ouvrier a engagé un jour, en acceptant un papier imprimé, sa liberté de travail. Il l'a fait peut-être dans un moment d'extrême besoin, et poussé par des nécessités urgentes ; et le voilà obligé de se conformer d'une façon perpétuelle à ce qu'aura décidé une majorité dont il ne peut d'avance prévoir la future composition, qui sera peut-être subjuguée par des menaces et des meneurs, peut-être mue par des mobiles d'intérêt tout à fait différents de ceux de la minorité. Quoi de plus illibéral qu'une pareille disposition ? Tout au plus le législateur pourrait la reconnaître si elle résultait d'un accord passager, librement consenti, et dans des circonstances exceptionnelles. En faire la base de l'existence ouvrière, méconnaître la loi de 1884 sur les syndicats, qui stipule que chaque membre d'un syndicat pourra toujours en sortir, malgré toutes clauses contraires, organiser une sorte de *trust* permanent de la main d'œuvre, alors qu'on proteste avec la dernière énergie contre les *trusts* temporaires et éphémères de l'industrie et du commerce, il est incroyable que ce soit un ministre républicain qui le propose, et piquant, ou plutôt attristant, de constater que ce ministre fait partie d'un cabinet dont le chef proclamait solennellement, il y a quelques mois, que le droit d'un seul ouvrier à travailler est absolu et que ce droit doit être protégé par la force publique — ce qui est le devoir essentiel de tout gouvernement digne de ce nom. L'un maintenait les principes de la Révolution dans ce qu'ils ont eu de vraiment émancipateur pour la personne humaine ; l'autre, et ce n'est pas un des spectacles les moins saisissants de ce passage d'un siècle ancien à un nouveau, se trouve d'accord avec les opinions

sieurs l'ont compris, que si un second tour de scrutin est nécessaire (le lendemain du jour où le *quorum* du 1/3 n'aurait pas été atteint) la moitié plus un d'un *nombre quelconque* de votants fera la loi à tout le personnel ? Cela serait absurde, et nous nous refusons à croire que ce soit là ce qu'a voulu l'auteur du projet

E. D'E.

les plus opposées aux siennes, pour remettre en question les
résultats les mieux consacrés de la liberté du travail. Revenant
aux pires traditions du passé, il veut amener l'ouvrier à se lier
par un engagement perpétuel que l'ouvrier ne peut légitime-
ment prendre, pas plus qu'il ne pourrait, même par un contrat
soi-disant libre, se vendre comme esclave. Ce qu'on lui
demande, c'est un esclavage passif ; il n'est pas plus acceptable
que l'esclavage actif : il l'est même moins ; car l'esclave se ven-
dait contre l'assurance d'être nourri et logé : l'ouvrier aliéne-
rait sa liberté de travail sans aucune garantie de dédommage-
ment, simplement contre l'espoir plus ou moins hypothétique
de voir augmenter plus tard son gagne-pain… s'il n'est pas mort
de faim auparavant.

III

Si encore une véritable et durable pacification industrielle
devait naître de l'atteinte violente portée par la nouvelle loi au
principe de la liberté du travail, on pourrait user de quelque
indulgence vis-à-vis de ceux qui, le cœur léger, en arrivent à
renier la Révolution dont ils sont fils. Mais quand on examine
les résultats pratiques probables d'une mise à exécution de la
nouvelle législation, on aboutit à une conclusion bien différente.

Supposons le projet voté. Il engendre tout d'abord une situation provisoire singulière et qui peut se prolonger longtemps :
le patron d'un établissement industriel a décidé qu'il placerait
son usine sous le régime de la nouvelle loi ; autrement dit, il
l'impose aux ouvriers qu'il embauche et il n'en embauchera
pas qui ne l'aient acceptée. C'est dire que seul le patron est
libre de choisir les conditions du travail, et que l'ouvrier, faute
de se soumettre, risque de ne pas trouver d'ouvrage. Nous supposons que pour travailler, il ait accepté l'engagement qu'on lui
impose : le voilà, comme nouvel embauché, soumis à un
régime différent de celui qui est appliqué à l'ancien personnel.
Celui-ci, pendant longtemps de beaucoup le plus nombreux, est
libre de ses faits et gestes au point de vue de la grève, tandis
que le nouveau venu se trouve, avec une poignée de ses camarades, enchaîné par le morceau de papier qu'il a reçu en entrant

dans l'usine. Quelle garantie pour la paix de l'atelier, cette situation différente faite aux ouvriers anciens et nouveaux qui le composent, et qui n'auront ni les mêmes droits ni les mêmes obligations !

Mais je suppose que, soit par une entente entre patrons et ouvriers (qui ne se fera probablement pas sans conflit préalable) soit par le fait même du renouvellement du personnel (ce qui serait très long), l'homogénéité du régime soit réalisée : patrons et ouvriers d'une usine sont d'accord, les uns pour inscrire, les autres pour lire sur un papier imprimé l'engagement bilatéral qui les soumet à la nouvelle loi. Un dissentiment naît : la tentative d'arbitrage prévue par la loi a échoué. Il s'agit de savoir si les ouvriers se mettront en grève. On se compte aux bulletins de vote. Une forte minorité, composée vraisemblablement des plus violents, vote pour la grève. Cependant la majorité est contre. D'après la loi, le travail doit continuer. La minorité ne s'incline pas, elle quitte l'atelier. Comment l'empêcherez-vous de s'en aller ? Il faudrait, pour retenir les partants, avoir un moyen direct d'action sur eux qui vous manque. Les ferez-vous garder ou rechercher par les gendarmes ? Le syndicat leur aura-t-il fait verser un cautionnement qu'il confisquera pour punir le manquement à l'engagement contracté ? Quel sera le syndicat assez puissant pour obtenir le versement de ce cautionnement ? Je crois bien que si on l'exigeait des ouvriers, il y aurait peu de syndicats subsistants ; et quel sera le patron qui parviendra à toucher le cautionnement de ses nouveaux embauchés ? Dans l'état actuel, en tous cas, la sanction manque absolument : car celle que prévoit le législateur et qui consiste dans la privation de certains droits d'électeurs ou d'éligibilité professionnelle est illusoire (art. 29). Voyez combien peu d'ouvriers usent de leurs droits dans les élections de prudhommes, et combien peu de négociants usent des leurs dans les élections des chambres ou tribunaux de commerce ! En réalité, en empruntant l'exemple de la Nouvelle-Zélande, car c'est là (chose surprenante) et non en Angleterre, en Allemagne ou en Belgique, nos concurrents industriels, qu'on est allé chercher l'idée du vote d'atelier pour régler le droit de grève, on a laissé de côté la seule mesure qui donne là-bas une certaine sanction pratique à la loi : l'organisation des corps de métier en véritables personnes civiles, enregistrées, ayant leur fortune « saisissable pour tout ou partie pour le payement de la dette résultant d'un jugement » ; avec cette clause capitale que « si le débiteur est une union professionnelle ou une trade-union et que ses biens soient insuffisants pour payer entièrement la dette, ses membres, jusqu'à concurrence de 250 francs par tête, seront tenus de la différence » (art. 8 de la loi du 5 nov. 1898). L'auteur du projet signale l'importance de cette clause dans le mécanisme néozélandais ; mais il constate du même coup l'impossibilité d'exiger en France soit l'inscription des corps professionnels, soit leur responsabilité pécuniaire, collective ou individuelle. Autrement dit, il se place en face de réalités toutes différentes de celles qui existent dans une île située aux antipodes, et où la loi n'a d'ailleurs que quelques années d'application. Et cependant il veut pratiquer ici ce qui n'est possible là-bas que moyennant des conditions qu'il déclare lui-même inexécutables chez nous. Il veut, non seulement que les ouvriers qui ont voté la suspension de travail restent à l'atelier, mais il veut encore que si la grève a été votée, et que si ensuite, au bout de huit jours, la majorité a changé, ce nouveau vote ramène à l'usine ceux qui l'avaient quittée. C'est trop compter, soit sur la bonne volonté humaine, soit sur l'intimidation exercée par la majorité.

Nous avons supposé cette majorité décidant tout d'abord la continuation du travail. Supposons maintenant le cas opposé. La majorité (qui peut être, nous le rappelons, le tiers plus un du personnel) a voté la grève. Les patrons sont-ils obligés de fermer leurs ateliers ? La loi ne le dit pas. Supposons que la jurisprudence établisse que cette obligation ressort de l'ensemble des dispositions légales : jusqu'où doit s'étendre ce renvoi du personnel ? Faut-il y inclure tous ceux qui sont nécessaires à la sûreté de l'usine, à l'entretien de l'outillage, au maintien des feux dans les hauts-fourneaux, de l'épuisement dans les mines ? Autant demander aux chefs d'établissement de tuer eux-mêmes leur industrie. Ensuite, pendant combien de temps les patrons seront-ils condamnés à l'inaction ? Devront-ils attendre indéfiniment, si la grève se prolonge à travers les votes hebdomadaires du personnel, avant de réembaucher, soit ceux qui voudraient rentrer, soit des nouveaux venus ? Si le chef d'industrie est obligé d'attendre la rentrée bénévole de ses anciens ouvriers, ceux-ci, de leur côté, sont-ils empêchés par la loi de chercher à s'embaucher ailleurs? Doivent-ils mourir de faim sur place tant que les membres d'une majorité plus ou moins factice, en possession de moyens d'existence qui leur permettent de vivre en attendant, interdisent de gagner sa vie à celui qui est moins bien pourvu, soit par suite de l'exiguïté de son salaire, soit par ses charges de famille, ou même par son imprévoyance ?

IV

Les dispositions relatives à l'arbitrage, après naissance du conflit, qui tiennent une place en apparence modeste dans le projet de loi, sont peut-être les plus dangereuses de celles contenues dans le document ministériel. Elles se glissent d'une façon assez inoffensive dans le texte législatif, et ne remplissent que quelques articles ; mais quand on va au fond des choses, on s'aperçoit qu'elles ont pour but de conférer aux Conseils du travail, nouvellement institués (par décret de septembre 1900) et aux syndicats d'où ces conseils émanent, une véritable souveraineté dans le domaine industriel.

Les articles 21-23 du projet stipulent : « En cas de grève déclarée, les sections compétentes du Conseil du travail sont d'office appelées à trancher le différend. Elles sont convoquées à cet effet par le président du Conseil du travail, saisi, soit par l'un des intéressés, *soit par l'autorité administrative*. Les sections du Conseil du travail agissant en qualité d'arbitres exerceront les droits reconnus aux arbitres par le Code de procédure civile. Les sentences arbitrales rendues par les premiers arbitres, l'arbitre départiteur, ou les sections des Conseils du travail, consignées dans les procès-verbaux signés par les arbitres, *vaudront convention entre les parties pour une période de six mois* ».

A titre transitoire, et dans le cas où des conflits éclateraient en dehors des circonscriptions pourvues de Conseils du travail (il n'y en a encore que cinq d'institués, à Paris, Lyon, Marseille, Lille, Lens), il est prévu que les fonctions d'arbitres dévolues aux sections seront remplies dans les grèves peu étendues par le Conseil de prudhommes, et dans les conflits plus vastes par une délégation du Conseil supérieur du travail.

On voit, à lire ces dispositions, quelle place prépondérante elles tendent à conférer aux Conseils du travail. Ce sont, pour l'avenir, des arbitres, obligatoires cette fois, qu'on impose aux parties en présence : arbitres dont la sentence aura l'effet de convention exécutoire pendant six mois. Or quelle est l'origine et la composition de ces Conseils du travail auxquels on confie de si graves fonctions ? Ils tirent, on le sait leur existence d'un simple décret : M. Millerand, tranchant de sa propre autorité dans une matière qui certes aurait bien valu la peine d'être soumise au Parlement, a prétendu imiter ce qui existe en Belgique, mais en modifiant l'institution dans sa base principale, qui est le mode de recrutement. En Belgique, le corps électoral des conseils du travail comprend tout le personnel, patrons ou ouvriers de la profession. En France, il ne se composera que des membres des syndicats. C'est un privilège dont on a doté ceux-ci, et qui, au sujet du décret nouveau, a fait dire justement qu'il était le premier pas vers « le syndicat obligatoire ». Que représentent, en effet, actuellement chez nous les syndiqués dans l'ensemble du corps industriel? Environ un sur huit parmi les patrons, un sur treize ou quatorze parmi les ouvriers, en admettant encore que, parmi les syndicats actuels, plusieurs n'aient pas plus de façade que de réalité; c'est-à-dire plus de membres sur le papier qu'enregimentés vraiment et payant leurs cotisations (1).

A chacun de ces syndicats — s'il comprend au minimum 25 ouvriers ou 10 patrons — le décret de septembre conférait une voix, quelle que fût son importance relative par rapport aux autres syndicats. Un nouveau décret (5 janvier 1901) vient de modifier sur ce point l'article 5 en attribuant une voix à chaque association professionnelle par dix membres ou fraction de dix membres patrons, et de vingt-cinq membres ou fraction de vingt-cinq membres ouvriers. Même avec cette modification, — impossible à réaliser d'ailleurs dans les conditions

<hr>

(1) Voir *Économiste français*, 24 novembre 1900, page 700. — L'article 8 stipule que l'arrêté préfectoral qui institue les Conseils du travail peut appeler des représentants des conseils de prudhommes, dans la région, à faire partie des sections correspondant à la profession exercée par eux, sans que ces conseillers

actuelles de la législation sur les syndicats qui ne donne aux préfets aucun moyen de contrôler le nombre réel des membres des associations professionnelles, — les Conseils du travail ne peuvent être que des représentants très imparfaits et très incomplets du corps industriel, dont la plus grande portion ne sera même pas appelée à les recruter. Ce sont cependant ces conseils constitués par une minorité de patrons et d'ouvriers, que le projet de loi prétend ériger en « arbitres compétents et impartiaux », non seulement d'une difficulté déjà née, mais des conditions futures du travail ; qui tiendront par suite dans leurs mains le sort d'établissements énormes, représentant la fortune et l'honneur même de leurs chefs, l'existence de milliers d'ouvriers employés par l'usine et qu'un désastre industriel ruinerait après leur patron ; qui seront chargés de trancher, et cela pour plusieurs mois, les questions les plus délicates et les plus complexes de salaires, de conditions de travail, d'organisation de la hiérarchie de l'usine ! Résultat contre lequel les Chambres de commerce ont unanimement protesté et qui est absolument inacceptable !

V

Nous avons mesuré la servitude à laquelle s'astreindraient d'avance les patrons ou ouvriers qui consentiront à vivre sous le régime de la nouvelle loi. Cette servitude est tellement lourde et ruineuse pour les deux parties, qu'il semble que, puisqu'elle est facultative, personne n'ira de gaieté de cœur la rechercher, et que le seul inconvénient de la nouvelle loi sera de dormir comme tant d'autres, dans un carton, sans que nul ne s'en serve. Ce serait là une profonde illusion. Le prévoyant législateur qu'est M. le ministre du Commerce a pensé qu'une loi qui ne s'appliquerait pas était indigne de son initiative ministérielle, et il a tout de suite créé pour le projet qu'il

prudhommes puissent former plus que la moitié de l'effectif de la section. Le décret établit que, en cas d'arbitrage, les sections seront composées en nombre égal de patrons et d'ouvriers, et que chaque section doit nommer tous les ans un président et un secrétaire, l'un des deux parmi les patrons et l'autre parmi les ouvriers. Il y a là une source de difficultés, car suivant que le président sera patron ou ouvrier, en cas de partage des voix, ouvriers ou patrons pourront avoir la voix prépondérante.

formulait une catégorie d'assujettis obligatoires : et ce n'est rien moins d'abord que tous les entrepreneurs qui auront à traiter avec l'Etat ; puis tous ceux qui obtiendront une concession de l'Etat, chemins de fer, tramways ou mines ; ensuite, si les départements et les communes veulent entrer dans la même voie, ils auront le droit d'imposer le même contrat à tous ceux qui auront à traiter avec eux ; pour les tramways et les chemins de fer, ils ne pourront traiter autrement. « Dans les contrats d'entreprise qu'il passera, dit l'*Exposé des motifs*, dans les cahiers des charges des marchés qu'il offrira ou des concessions qu'il accordera, l'Etat stipulera l'obligation de se conformer à la loi nouvelle. Cette obligation entraînera une fréquente mise en pratique des dispositions de la loi. Voilà pourquoi aussi nous reconnaissons aux départements et aux communes le droit d'inscrire la même obligation dans les cahiers de charges de leurs marchés et de leurs concessions. »

Quelles seront les conséquences pécuniaires de cette obligation imposée à l'Etat ou de cette faculté laissée aux communes et départements? L'auteur du projet n'en a cure, non plus que de savoir si les entrepreneurs trouveront aisément des ouvriers qui voudront, de leur côté, accepter la nouvelle loi. Si les adjudications se font dans des conditions plus onéreuses pour la communauté, les contribuables sont là pour payer la différence : le résultat cherché par le législateur n'en sera pas moins réalisé, à savoir : « une fréquente mise en pratique des dispositions de la loi. »

Les auteurs espèrent que cette « fréquente mise en pratique » obligatoire aura de nombreuses et rapides répercussions sur le personnel soi-disant libre de l'industrie. L'exemple de l'Etat en France est contagieux, non pas parce qu'il est bon, mais parce qu'il provient de l'Etat. Celui-ci étant le garant de la sécurité publique, ceux qui ont besoin de sa protection, — et qui n'en a pas besoin? — pensent toujours qu'il l'octroiera parcimonieusement à qui sera resté en deçà des concessions qu'il a faites lui-même. Il est une sorte d'arbitre qui peut difficilement se déjuger quand on réclame son intervention. Les petits, ayant moins d'occasions de recourir à lui, peuvent, jusqu'à un certain point, échapper à ce sentiment et aux conséquences qu'il entraîne. Les grands industriels, sans cesse menacés dans la sécurité et l'existence même d'immenses établissements, d'intérêts considérables dont ils ont la responsabilité, où leur fortune et leur honneur sont engagés, sentent peser lourdement sur eux le scrupule qu'en résistant sinon aux injonctions, du moins aux incitations directes ou indirectes de l'Etat, ils risquent de se trouver abandonnés ou insuffisamment défendus à un jour donné, devant le désordre ou l'émeute. Il y a là un penchant presque fatal sur lequel les auteurs de la loi nouvelle ont compté pour en étendre l'application, si elle était votée sous sa forme facultative apparente. Mais même en dehors de cet effet de contagion ou de répercussion, les établissements qui ont, ou peuvent avoir, à traiter avec l'Etat sont déjà si nombreux, ils représentent un contingent si considérable dans l'armée industrielle, que l'épithète de *facultative* appliquée à une loi qu'on impose de façon impérative à de si gros et importants bataillons, semble paradoxale. Je sais bien qu'il reste à ces établissements le droit de renoncer à travailler pour l'Etat; mais c'est comme si on leur laissait le droit de se suicider. Pour bien accentuer d'ailleurs le caractère en quelque sorte officiel de la réforme, l'auteur du projet a stipulé que « les locaux nécessaires aux assemblées ayant à émettre les votes prévus par la présente loi, ainsi que ceux nécessaires aux séances des conseils du travail, sont fournis, chauffés et éclairés par la commune; les frais qui en résultent sont compris dans les dépenses obligatoires des communes ». De même « les dépenses nécessitées par la procédure d'arbitrage, l'indemnité à allouer au secrétaire du Conseil du travail, seront fixées par arrêté du préfet et portées au budget départemental comme dépense obligatoire ». Seront considérées comme telles: « les frais de déplacement et de séjour des membres des Conseils du travail lorsque la section siège comme tribunal arbitral; ces frais constituent des dépenses facultatives dans les autres cas ».

Par tous les moyens en sa puissance, faveur ou contrainte directe, l'Etat, on le voit, cherchera à généraliser le régime légal nouveau s'il est adopté : c'est dire quels sont les périls du projet soumis aux Chambres. Ce qu'il y a de bon dans ce projet pourrait parfaitement se réaliser sans une loi: c'est dans certains cas l'élection de délégués permanents et l'organisation de la conciliation et de l'arbitrage préventif; c'est, dans des circonstances données, le recours volontaire, du fait des ouvriers, à un scrutin régulier et secret pour savoir quels sont les véritables désirs de la majorité — et de quelle majorité — avant de procéder à des hostilités ouvertes ; c'est le délai, stipulé dans le contrat d'engagement, qui doit précéder ces hostilités. Les syndicats de patrons et d'ouvriers sont parfaitement aptes à organiser ces rouages ou à faire adopter ces dispositions qui auraient force de conventions. Ce devrait même être une de leurs principales tâches. Ce qui est inadmissible, c'est l'obligation légale, soit pour les ouvriers, soit pour les patrons, de se soumettre à un vote d'une fraction, quelle qu'elle soit, du personnel, les uns pour congédier la totalité de leur effectif, les autres pour quitter le travail et renoncer à leur gagne-pain. Ce qui est non moins inadmissible, c'est l'intervention forcée, une fois le conflit déclaré, d'arbitres désignés par la loi et non choisis par les parties, recrutés exclusivement au sein de Conseils du travail ou de Conseils de prud'hommes qui ont une tout autre destination et qui ne représentent et ne représenteront que très imparfaitement ou très partialement le monde industriel. Confier à des juges aussi peu sûrs l'honneur et la destinée de notre production nationale, c'est une extrémité contre laquelle devront se défendre de toutes leurs forces ceux sur qui pèsent des responsabilités industrielles et commerciales, dont font bon marché trop de politiciens. Celles qu'impose le pouvoir finissent — si même elles existent réellement — avec les fonctions passagères auxquelles elles correspondent. Celles qui naissent de la direction d'une grande industrie sont beaucoup plus durables et plus graves. Elles ne peuvent s'accommoder d'un régime légal qui désorganiserait la hiérarchie de l'atelier, qui livrerait les chefs d'usines, pieds et poings liés, à un groupe de leurs ouvriers. Il n'est pas de production industrielle possible dans ces conditions. L'Etat n'en voudrait pas lui-même pour ses employés, quoiqu'il ait le budget pour boucher ses déficits. Vouloir l'imposer à des hommes qui engagent dans une industrie leur fortune et leur considération, ou qui gèrent la fortune de leurs associés, c'est une méconnaissance flagrante à la fois de la liberté individuelle et des facteurs indispensables au succès d'une entreprise collective. Le projet une fois voté jetterait une nouvelle excitation dans les milieux ouvriers déjà si déplorablement surexcités depuis quelques mois, ne fût-ce qu'en fournissant aux meneurs le prétexte de vouloir forcer à l'accepter les patrons que la loi autorise à ne pas s'y soumettre. Notre industrie et notre commerce n'ont pas besoin de cette source supplémentaire d'agitation et d'affaiblissement. Nous espérons que les Chambres sauront faire leur devoir en repoussant une [mauvaise loi.

TEXTE DU PROJET DE LOI

Le Président de la République française
Décrète :

Le projet de loi dont la teneur suit sera présenté à la Chambre des Députés par le Président du Conseil, Ministre de l'Intérieur et par le Ministre du Commerce, de l'Industrie, des Postes et des Télégraphes qui sont chargés d'en exposer les motifs et d'en soutenir la discussion.

ARTICLE PREMIER. — Dans tout établissement industriel ou commercial occupant au moins cinquante ouvriers ou employés, un avis imprimé, remis à tout ouvrier ou employé, se présentant pour être embauché, fera connaître si les contestations relatives aux conditions du travail entre les propriétaires de l'établissement et les ouvriers ou employés seront ou ne seront pas soumises à l'arbitrage tel qu'il est organisé par la présente loi.

Dans le premier cas, l'entrée dans l'établissement constitue, après un délai de trois jours, l'engagement réciproque de se conformer à ladite loi. Elle établit pour tout ce qui y est prévu une communauté d'intérêts entre les ouvriers et les employés et les oblige à se soumettre aux décisions prises conformément à ces dispositions.

L'avis prévu au paragraphe 1er du présent article et formant convention entre les parties doit être affiché dans l'établissement, par les soins du chef d'établissement.

ART. 2. — Est considéré comme occupant au moins cinquante ouvriers ou employés tout établissement qui, pendant plus de dix semaines par an, occupe au moins cinquante ouvriers ou employés de tout âge et de l'un ou l'autre sexe.

Est considéré comme formant un seul établissement tout ensemble d'ateliers, de chantiers d'exploitations ou de magasins contigus appartenant à un même patron ou à une même société.

ART. 3. — Les contestations relatives au nombre des ouvriers et employés, à la formation du contrat d'arbitrage sont portées par les intéressés, patrons, ouvriers et employés, devant le conseil de prud'hommes de la localité, ou, s'il n'en existe pas, devant le juge de paix.

ART. 4. — Dans le cahier des charges de tout marché de fournitures ou de travaux pour le compte de l'Etat, une clause stipulera l'obligation pour le soumissionnaire d'accepter pour les chantiers ou ateliers organisés ou fonctionnant en vue de l'exécution d'un marché passé avec l'Etat, le recours à l'arbitrage, tel qu'il est organisé par la présente loi.

Dans le cahier des charges de toute concession accordée par l'Etat, une clause stipulera l'obligation pour le concessionnaire d'accepter ce recours à l'arbitrage.

Toute concession de mine qui sera désormais attribuée obligera le concessionnaire à l'application de la présente loi.

Les départements et les communes auront le droit d'imposer l'obligation du recours à l'arbitrage dans les cahiers des charges de leurs concessions et marchés.

Les chemins de fer d'intérêt local et des tramways seront, quelle que soit l'autorité concédante, soumis aux dispositions de la présente loi relative aux concessions départementales et communales.

Un décret rendu dans la forme d'un règlement d'administration publique déterminera les modes et conditions de l'application du présent article ; il fixera en ce qui concerne les Compagnies de chemins de fer et de tramways, le mode de formation des circonscriptions et conditions du vote dans les divers scrutins prévus par la présente loi.

ART. 5. — Dans tout établissement industriel ou commercial où a été pris l'engagement réciproque de recourir à l'arbitrage, les ouvriers ou employés choisissent parmi eux des délégués permanents chargés de représenter le personnel auprès du chef d'établissement.

ART. 6. — Tout établissement comptant cent cinquante ouvriers ou employés forme au moins une circonscription électorale. Au delà de cet effectif, l'établissement devra être, par les soins du chef d'établissement, divisé en circonscriptions soit territoriales, soit professionnelles.

Chaque circonscription comprend au moins cinquante et au plus cent cinquante ouvriers et employés ; elle est représentée par un délégué et par un délégué adjoint.

ART. 7. — Sont électeurs dans une circonscription, à l'exclusion des agents préposés à la direction ou à la surveillance du personnel, les ouvriers et employés de l'un ou l'autre sexe qui y travaillent, à la condition d'avoir dix-huit ans accomplis et d'être inscrits sur la feuille de la dernière paye effectuée par l'établissement avant l'affichage de l'avis fixant le jour de l'élection.

ART. 8. — Sont éligibles dans une circonscription, à la condition de savoir lire et écrire, d'être Français, âgés de vingt-cinq ans accomplis et de n'avoir encouru aucune condamnation entraînant soit la perte des droits politiques, soit la perte des droits visés à l'article 31 ci après :

Les électeurs ci-dessus désignés, ayant travaillé deux ans au moins dans l'établissement. A défaut d'électeurs remplissant cette condition, pourront être élus les électeurs justifiant de deux années de travail dans des établissements similaires.

ART. 9. — Les électeurs nomment leurs délégués chaque année dans le courant du mois de janvier ; pour les industries saisonnières, cette date peut être modifiée.

Un avis du chef d'établissement indique pour chaque circonscription la date de l'élection, le local où aura lieu le vote, ainsi que les heures auxquelles sera ouvert et fermé le scrutin.

Cet avis est affiché dans les lieux de travail, dix jours au moins avant la date de l'élection ; copie en est envoyée le même jour au maire de la commune.

La liste des électeurs et des éligibles, dressée par le chef de l'établissement, est affichée par ses soins en même temps que l'avis convoquant les électeurs et aux mêmes lieux. Copie en est remise par lui au maire qui la tient à la disposition des ouvriers,

En cas de réclamation des intéressés au sujet de la formation, soit des circonscriptions, soit des listes électorales, le recours doit être formé cinq jours au plus après celui où l'affichage a été effectué et la liste mise à la mairie à la disposition des ouvriers, devant le conseil de prud'hommes ou, à défaut, devant le juge de paix qui statue d'urgence et en dernier ressort.

ART. 10. — Le bureau électoral de chaque circonscription est formé par les deux plus âgés et le plus jeune des électeurs présents au moment de l'ouverture du scrutin.

Le chef d'établissement ne peut se faire représenter simultanément dans le local du vote, pendant les opérations électorales, par plus de deux personnes.

Le vote a lieu, sous peine de nullité, par bulletin blanc plié, mis sous enveloppe et ne portant aucune indication extérieure. Avant de déposer son vote, l'électeur doit passer par un compartiment d'isolement où il trouvera des enveloppes toutes identiques.

Chaque bulletin porte deux noms; les noms suivant les deux premiers, s'il y en a sur le bulletin, sont annulés.

Pour être élu au premier tour de scrutin il faudra obtenir la majorité absolue des suffrages exprimés et un nombre de voix au moins égal au quart des électeurs inscrits.

Au deuxième tour de scrutin, la majorité relative suffira, quel que soit le nombre des votants.

En cas d'égalité de suffrages, le plus âgé des candidats sera élu.

Si un second tour de scrutin est nécessaire, il y sera procédé dans le plus bref délai possible, après la proclamation du résultat du premier tour.

ART. 11. — Après le dépouillement du scrutin, le président proclame le résultat du vote; il dresse et transmet au maire, qui le tient à la disposition des intéressés, le procès-verbal des opérations.

En cas de protestation, le recours des intéressés, patrons, ouvriers ou représentants de leurs syndicats, doit être formé dans les trois jours qui suivent la proclamation du résultat devant le conseil de prud'hommes ou à défaut devant le juge de paix qui statue d'urgence et en dernier ressort.

ART. 12. — Les délégués et délégués-adjoints proclamés élus par le bureau entrent aussitôt en fonctions.

Au cas de vacance par décès, démission, annulation d'élection, le nouvel élu sera nommé pour le temps restant à courir jusqu'au terme qui était assigné aux fonctions de celui qu'il remplace.

L'élection aura lieu dans le délai de quatre semaines après la vacance et dans les formes prescrites ci-dessus.

ART. 13. — Le délégué de chaque circonscription et, en cas d'empêchement, le délégué-adjoint, est chargé de recevoir les réclamations du personnel relatives aux conditions du travail, et de les présenter au chef d'établissement ou à son préposé.

Le chef d'établissement peut désigner, pour entendre les réclamations courantes, un chef d'atelier ou chef de service. Le règlement déterminera les jour et heures auxquelles ces réclamations sont présentées chaque semaine. Une fois au moins par mois, aux jour et heures fixés par le règlement, les délégués pourront entretenir le chef d'établissement lui-même, ou un agent supérieur de la direction par lui désigné. Les délégués-adjoints assisteront à ces entrevues.

ART. 14. — Lorsque le chef d'établissement ou son préposé n'aura point admis les réclamations du personnel présentées par les délégués ouvriers, ceux-ci, à la demande d'un groupe d'ouvriers ou d'employés, devront les remettre formulées par écrit, audit chef d'établissement ou à son préposé.

Dans les quarante-huit heures de la remise, le chef d'établissement fera parvenir aux ouvriers, par l'intermédiaire de leurs délégués, une réponse écrite contenant, s'il maintient sa décision, le nom des arbitres choisis par lui.

Passé ce délai, si les arbitres ne sont pas désignés, les ouvriers pourront décider la grève.

Si le chef d'établissement a désigné des arbitres, les ouvriers devront, dans les quarante-huit heures suivantes, faire connaître par leurs délégués le nom de leurs arbitres choisis en nombre égal.

Si la sentence arbitrale n'a pas été rendue soit par les arbitres des deux parties, soit par un arbitre commun dans les six jours qui ont suivi la désignation de leurs arbitres par les ouvriers, ceux-ci pourront décider la cessation du travail.

ART. 15. — La grève ne pourra être décidée, soit pour l'ensemble de l'établissement, soit pour un ou plusieurs ateliers ou magasins énumérés expressément, que par un vote régulier du personnel émis dans les conditions suivantes:

ART. 16. — Les délégués ouvriers font connaître au personnel et à la direction, six heures au moins à l'avance, les lieux et heures du vote.

Sont admis à prendre part au vote les électeurs désignés à l'article 7 travaillant dans les ateliers ou magasins dont la déclaration de grève entraînera le chômage.

ART. 17. — Le bureau est formé des deux plus âgés et du plus jeune des ouvriers ayant droit de voter, présents à l'ouverture du scrutin. Le vote a lieu dans les conditions fixées par l'article 10, alinéa 3. Pendant la durée du scrutin, le local du vote est interdit à quiconque n'a pas droit d'y prendre part.

Chaque bulletin porte l'une des deux mentions « pour la grève », ou « contre la grève ».

Pour que la grève soit votée au premier tour de scrutin, le dépouillement doit donner un nombre de « pour » supérieur à la moitié du nombre des suffrages exprimés et au tiers du nombre des personnes ayant droit de prendre part au vote.

Au cas où le nombre de suffrages exprimés est insuffisant, il est procédé le lendemain à un nouveau scrutin.

ART. 18. — Après le dépouillement du scrutin, le bureau proclame le résultat du vote et les délégués ouvriers le font connaître immédiatement au chef d'établissement; procès-verbal des opérations dressé par le bureau est, par ses soins, transmis au maire qui le tient à la disposition des intéressés.

ART. 19. — Toute cessation collective de travail décidée conformément aux articles 15 à 18 est, en vertu du contrat défini à l'article premier, obligatoire.

Le vote doit être renouvelé tous les sept jours au moins, dans les conditions fixées par les articles 15 à 18, sans que l'on puisse compter parmi les personnes ayant le droit de prendre part au vote celles qui auraient quitté la localité ou qui auraient été embauchées dans un autre établissement.

Le travail est repris si la grève n'est pas votée à nouveau.

ART. 20. — Si la cessation du travail n'est pas votée, le personnel est tenu de continuer le travail. Toute réclamation nouvelle devra être introduite dans la forme prévue par les articles 13 et 14.

ART. 21. — En cas de grève déclarée les sections compétentes du Conseil du travail sont d'office appelées à trancher le différend. Elles sont convoquées à cet effet par le président du Conseil du travail, saisi lui-même, soit par l'un des intéressés, soit par l'autorité administrative.

ART. 22. — Les sections du Conseil du travail agissant en qualité d'arbitres exerceront les droits reconnus aux arbitres par le Code de procédure civile.

ART. 23. — Les sentences arbitrales rendues par les premiers arbitres, l'arbitre départiteur ou les sections des Conseils du travail, consignées dans les procès-verbaux signés par les arbitres, vaudront convention entre les parties pour une période de six mois.

ART. 24. — Si le travail n'a pas été suspendu, ou s'il a été repris avant la sentence arbitrale, celle-ci aura un effet rétroactif. Son application partira soit du jour de la reprise du travail dans le second cas, soit, dans le premier cas, du début de la procédure.

ART. 25. — Les sentences arbitrales sont déposées et conservées en minute au secrétariat du Conseil du travail qui en adresse une expédition au ministre du Commerce et de l'Industrie, par l'intermédiaire du préfet.

Une expédition en est délivrée gratuitement à chacune des parties.

ART. 26. — Sera puni d'un emprisonnement d'un mois à un an et d'une amende de 100 à 2.000 francs, quiconque, soit par voies de fait, violences, menaces, dons ou promesses, soit en faisant craindre à un des ouvriers intéressés de perdre son emploi ou d'exposer à un dommage sa personne, sa famille ou ses biens, aura influencé son vote à l'un des scrutins prévus par la présente loi.

ART. 27. — Sera puni d'une amende de 16 à 100 francs quiconque aura mis obstacle à l'accomplissement des fonctions d'un délégué ou d'un arbitre, telles que ces fonctions sont prévues par la présente loi, sans préjudice de l'application des articles 177 et suivants, 222 et suivants du Code pénal.

En cas de récidive la peine sera de six jours à un mois de prison et de 100 à 200 francs d'amende.

Art. 28. — L'article 463 du Code pénal est applicable aux condamnations p ro noncées en vertu des articles 28 et 29 de la présente loi.

Art. 29. — En cas d'inexécution des engagements résultant de la convention d'arbitrage prévue à l'article premier, les patrons, ouvriers ou employés qui n'auront pas tenu ces engagements seront interdits, pendant trois ans, du droit d'être électeurs et éligibles dans les divers scrutins relatifs à la représentation du travail, savoir : la nomination des administrateurs de syndicats, des délégués ouvriers, des délégués mineurs, des conseillers prud'hommes, des membres des Chambres de commerce, tribunaux de commerce, conseils du travail et des membres du Conseil supérieur du travail.

En cas de récidive, l'interdiction sera de six ans.

La perte de ces droits électoraux sera constatée par les juges de paix et notifiée à fin de radiation aux autorités compétentes.

Art. 30. — A titre transitoire, et dans le cas où des conflits éclateraient en dehors des circonscriptions des conseils du travail existant, les fonctions d'arbitre dévolues aux sections seraient remplies : pour les grèves groupant moins de 300 ouvriers, par le Conseil de prud'hommes qui existe dans la circonscription ou qui en est le plus rapproché, et, pour les grèves groupant plus de 300 ouvriers, par une délégation du Conseil supérieur, comprenant un nombre égal de patrons et d'ouvriers, nommée soit par le Conseil supérieur, soit par la Commission permanente.

Art. 31. — Les locaux nécessaires aux assemblées ayant à émettre les votes prévus par la présente loi, ainsi que ceux nécessaires aux séances du Conseil du travail sont fournis, chauffés et éclairés par la commune ; les frais qui en résultent sont compris dans les dépenses obligatoires des communes.

Les dépenses nécessitées par la procédure d'arbitrage, l'indemnité à allouer au secrétaire du Conseil du travail seront fixées par arrêté du Préfet du département et portées au budget départemental comme dépenses obligatoires.

Les frais de déplacement et de séjour des membres des Conseils du travail constituent des dépenses obligatoires lorsque la section siège comme tribunal arbitral; ils constituent des dépenses facultatives dans les autres cas.

Art. 32. — Tous actes faits en exécution de la présente loi seront dispensés du timbre et enregistrés gratis.

Art. 33. — La présente loi est applicable aux colonies de la Guadeloupe, de la Martinique et de la Réunion.

Fait à Paris, le 14 novembre 1900.

Signé : Emile Loubet.

Par le Président de la République :

Le Ministre du Commerce, de l'Industrie.
des Postes et des Télégraphes,

Signé : A. Millerand.

Le Président du Conseil,
Ministre de l'Intérieur et des Cultes,

Signé : Waldeck-Rousseau.

Paris. — Typ. A. Davy, 52, rue Madame. — *Téléphone*

DU MÊME AUTEUR

Socialisme, communisme et collectivisme, 1 vol. in-18, Guillaumin et Cie, 1892 (épuisé). 2ᵉ édition en préparation.

La participation aux bénéfices, brochure in-8, Guillaumin et Cie. 1892.

Un projet de loi sur l'arbitrage industriel, brochure in-8, Guillaumin et Cie, 1892.

Souveraineté du peuple et Gouvernement. (*Souveraineté du peuple. Séparation des pouvoirs. Représentation et gouvernement*), 1 vol. in-18, F. Alcan, 1895.

Alexis de Tocqueville et la démocratie libérale, 1 vol. in-18, Calmann Lévy, 1897. Couronné par l'Académie française

Correspondance inédite de John Stuart Mill avec Gustave d'Eichthal, 1 vol. in-18, F. Alcan, 1898.

Socialisme et problèmes sociaux. (*Socialisme scientifique. Socialisme électoral. Socialisme et dévouement social. Esthétique sociale*), 1 vol. in-18, F. Alcan, 1899.

Les bases du droit socialiste, brochure in-8°, Picard, 1900.

La Paix internationale, brochure in-8° 1900. Bureaux de la *Revue Politique et Parlementaire.*

L'Unité socialiste, brochure in-8°, 1901, mêmes bureaux.